Bibliografische Information der Deutschen Nationalbibliothek:

Die Deutsche Bibliothek verzeichnet diese Publikation in der Deutschen National-
bibliografie; detaillierte bibliografische Daten sind im Internet über http://dnb.d-
nb.de/ abrufbar.

Impressum:

Copyright © 2018 GRIN Verlag
Druck und Bindung: Books on Demand GmbH, Norderstedt Germany
ISBN: 9783668787490

Dieses Buch bei GRIN:

https://www.grin.com/document/438602

Jasmina Nickel

Kennzahlensystem für das IT-Controlling

GRIN Verlag

GRIN - Your knowledge has value

Der GRIN Verlag publiziert seit 1998 wissenschaftliche Arbeiten von Studenten, Hochschullehrern und anderen Akademikern als eBook und gedrucktes Buch. Die Verlagswebsite www.grin.com ist die ideale Plattform zur Veröffentlichung von Hausarbeiten, Abschlussarbeiten, wissenschaftlichen Aufsätzen, Dissertationen und Fachbüchern.

Assignment

Kennzahlensystem für das IT-Controlling

Name:	Nickel, Jasmina
Studienfach:	IT- Management (M.Sc.)
Modul:	IMG42
Abgabedatum:	23.08.2018

Inhaltsverzeichnis

Abbildungsverzeichnis 3

Abkürzungsverzeichnis 3

1. Einleitung 4

   1.1. Problemstellung 4

   1.2. Ziel und Gliederung der Arbeit 4

2. Grundlagen 5

   2.1. IT- Controlling 5

   2.2. Kennzahlen 5

3. Kennzahlensysteme 7

   3.1. Betriebswirtschaftliche Kennzahlensysteme 7

      3.1.1. DuPont- Schema 7

      3.1.2. ZVEI 8

      3.1.3. Rentabilitäts- Liquiditätskonzept 8

   3.2. IT-Kennzahlensysteme 9

      3.2.1. Diebold- Kennzahlensystem 9

      3.2.2. SVD 9

      3.2.3. Balanced Scorecard 10

4. Analyse der Kennzahlensysteme 10

   4.1. Anforderungen an ein Kennzahlensystem für Automobilzulieferer 10

   4.2. Abgrenzung von betriebswirtschaftlichen Kennzahlensystemen 11

   4.3. Bewertung der IT-Kennzahlensysteme 12

      4.3.1. Diebold-Kennzahlensystem 12

      4.3.2. SVD 13

      4.3.3. Balanced Scorecard 13

5. Zusammenfassung und Fazit 15

Literaturverzeichnis 17

Abbildungsverzeichnis

Abbildung 1: Du- Pont Schema - ROI Baum..7

Abbildung 2: Integrieren einer BSC nach Gadatsch und Mayer 14

Abkürzungsverzeichnis

BSC	Balanced Scorecard
ISO	International Organization for Standardization
ROI	Return on Investment
SVD	Schweizerischen Vereinigung für Datenverarbeitung
ZVEI	Zentralverbands der elektronischen Industrie

1. Einleitung

Bis zu diesem Zeitpunkt konnte sich in der IT-Controlling Praxis noch kein Standard-IT-Kennzahlensystem etablieren. Die Unternehmen stellen sehr individuelle Anforderungen je nach der jeweiligen Branche. Viele etablierte Kennzahlensysteme fokussieren rein auf finanzielle Kennzahlen. Die IT als Wertschöpfungsfaktor ist hiermit aber reichlich wenig umfassend beschrieben, es steht sehr viel mehr dahinter und durch einseitige Betrachtung der Kosten wird eine verzerrte Wahrnehmung des Unternehmens bzw. der IT herbeigeführt. Optimal wäre, wenn das IT-Controlling durch ein ganzheitliches Kennzahlensystem unterstützt würde, welches umfassende Informationen zur Steuerung und Ausrichtung des Unternehmens und der IT zur Verfügung stellt.

1.1. Problemstellung

Im Vordergrund dieses Assignments steht ein Automobilzulieferer und seine Anforderungen an das IT-Controlling und ein Kennzahlensystem, welches dieses unterstützt. Die International Organization for Standardization (ISO) hat mehrere Standards veröffentlicht (ISO 16949, ISO 9000), die durch die Zulieferer je nach Automobilhersteller eingehalten werden sollten oder sogar müssen. Sie beinhalten vorrangig Anforderungen an das Qualitätsmanagement und damit verbunden Prozesse, Kundenzufriedenheit und die stetige Verbesserung der Leistungsfähigkeit des Unternehmens. Aus diesem Grund ergeben sich für die Automobilzulieferer hohe Anforderungen an die IT, für die es gilt, ein möglichst optimal unterstützendes IT-Kennzahlensystem zu finden.

1.2. Ziel und Gliederung der Arbeit

Der vorliegenden Ausarbeitung liegt das Ziel zugrunde, ein geeignetes Kennzahlensystem auszuwählen, welches einen Automobilzulieferer und das zugehörige IT- Controlling bestmöglich abbildet und unterstützt. Im folgenden Kapitel werden nach einer thematischen Einführung die Grundbegriffe IT- Controlling, Kennzahlen und Kennzahlensystem erläutert und ihre Bedeutung für die vorliegende Arbeit dargestellt. Aufbauend wird im dritten Kapitel vorgestellt, welche Kennzahlensysteme zum heutigen Zeitpunkt existieren und wie diese funktionieren. Dabei sollen vor allem die Alleinstellungsmerkmale der Systeme herausgestellt werden. Im vierten Kapitel werden zuerst die Anforderungen an ein Kennzahlensystem für Automobilzulieferer aufgezeigt.

Daraufhin folgt eine gegenseitige Abwägung der Kennzahlensysteme. Hierbei sollen als Teilziel die Kennzahlensystemen, die im Vordergrund finanzielle Kennzahlen aufarbeiten von den IT Kennzahlensystemen abgegrenzt werden. Zudem gilt es deutlich zu machen, inwieweit die dargestellten Systeme den festgelegten Anforderungen entsprechen. Abschließend werden im fünften Kapitel die Ergebnisse der Arbeit zusammengefasst und ein Fazit gegeben.

2. Grundlagen

2.1. IT- Controlling

Das IT- Controlling stellt das Controlling der IT im Unternehmen dar. Es soll eine Sicherstellung effizienter und effektiver Informationsverarbeitung erwirken.

„Effektiv ist das IT-Controlling, wenn es zum Unternehmensziel beiträgt. Effizient ist das IT-Controlling, wenn es die Ziele mit den geringsten Kosten erreicht."[1]

Es gilt die Sachziele der Qualität, Funktionalität und Termintreue zu berücksichtigen.[2] Dabei dient das IT-Controlling nicht nur als Überwachungs- und Kontrollfunktion, sondern auch als Koordinationsfunktion für das Informationsmanagement. Daraus folgend gestalten und unterstützen IT- Controller den Managementprozess der betrieblichen Informationsverarbeitung und haben damit eine Mitverantwortung für die Zielerreichung des Informationsmanagements zu tragen.[3]

2.2. Kennzahlen

Kennzahlen stellen quantitativ zusammengefasste Informationen zur Abbildung betrieblicher Sachverhalte, Strukturen und Prozesse dar. Sie ermöglichen einen umfassenden Überblick und unterstützen die Führungskräfte in der laufenden Planung, Durchsetzung und Kontrolle.[4] Als Ableitung von Kennzahlen können IT-Kennzahlen als zusammengefasste Informationen zur Abbildung betrieblicher Sachverhalte, Strukturen und Prozesse verstanden werden, die schnell und prägnant über ein Aufgabenfeld der IT informieren sollen.[5] „Allgemeine IT- Kennzahlen geben einen schnellen und einfachen

---

[1] (Controllingportal, 2018)
[2] Vgl. (Krcmar, 2015) Seite 498
[3] Vgl. (Barth, et al., 2009) Seite 3
[4] Vgl. (Gladen, 2014) Seite 10
[5] Vgl. (Gladen, 2014) Seite 16

Gesamtüberblick über die Kosteneffizienz der Gesamt-IT im Vergleich zum Wettbewerb. Diese sind jedoch nur innerhalb einer Branche vergleichbar."[6] Im Wesentlichen können Kennzahlen gegenüber Basiszahlen des Rechnungswesens am Merkmal der Informationsverdichtung durch die Zusammenfassung von Informationen in eine Kennzahl abgegrenzt werden. Kennzahlen können aufgeteilt werden in drei Arten: Absolute Zahlen, relative Zahlen und Gliederungszahlen. Durch absolute Kennzahlen wird angegeben, aus wie vielen Elementen eine näher bezeichnete Menge besteht (z.b. der durchschnittliche Endbestand eines Lagers). Bei Relativen Zahlen werden Sachverhalte in Form eines Quotienten verknüpft (z.b. Rentabilität als Verhältniszahl von Gewinn/Kapital). Bei Gliederungszahlen wird ein Teil des Ganzen ins Verhältnis zum Ganzen (z.b. Eigenkapital vom Gesamtkapital) gesetzt.[7]

Da einzelne Kennzahlen nur wenig aussagekräftig sind, werden sie in Kennzahlensystemen analysiert und in Zusammenhang gesetzt. Durch das Zusammenspiel von Kennzahlen wird die Konsistenz der gewünschten Wirkungen der Einzelkennzahlen sichergestellt und kann so als wesentliches Führungsinstrument des Managements eingesetzt werden.[8] Gladen setzt folgende Anforderungen für Kennzahlensysteme fest: [9]

- **Objektivität und Widerspruchsfreiheit:** Eine systematische Struktur schränkt die Beliebigkeit und die Möglichkeit widersprüchlicher Aussagen ein.
- **Einfach und Klarheit:** Je klarer ein System ist, desto mehr Kennzahlen kann es umfassen, ohne dass Einfachheit und Durchsichtigkeit eingebüßt werden.
- **Informationsverdichtung:** Es wird eine hierarchische Struktur der Kennzahlen vorgesehen, um sich bei der Analyse mit wenig Aufwand auf wenige Zahlen der oberen Ebene konzentrieren zu müssen. Bei Bedarf kann auf die Zahlen der unteren Ebene zurückgegriffen werden, um die Basisinformationen zu prüfen.
- **Multikausale Analyse:** Die hierarchisch angeordneten Ebenen der Kennzahlen erlauben eine multikausale Analyse, in dem übergeordnete Kennzahlen in darunterliegenden Ebenen aufgespalten werden können.

---

[6] (Helbling Management Consulting GmbH, 2018)
[7] Vgl. (Gladen, 2014) Seite 15
[8] Vgl. (Gadatsch & Mayer, 2014) Seite 185 f.
[9] Vgl. (Gladen, 2014) Seite 92

3. Kennzahlensysteme

In diesem Kapitel werden die bekannten Kennzahlensysteme vorgestellt und jeweils ihre spezifischen Merkmale herausgestellt, damit in der späteren Bewertung darauf Bezug genommen werden kann.

3.1. Betriebswirtschaftliche Kennzahlensysteme

3.1.1. DuPont- Schema

Beim DuPont - Schema handelt es sich um das älteste Kennzahlensystem und stellt daher eine Grundlage für weitere Kennzahlensysteme dar.[10] Das DuPont-Kennzahlensystem fokussiert als Spitzenkennzahl den Return on Investment (ROI). Dabei werden die Kennzahlen über eine pyramidenartige Struktur miteinander verknüpft. Der ROI spaltet sich in die Kennzahlen Kapitalumschlagshäufigkeit und Umsatzrentabilität auf. Weiterhin werden diese in Kapitalgewinn und Umsatz (Umsatzrentabilität) sowie Umsatz und Gesamtkapital (Kapitalumschlag) untergliedert. Dabei zeigt die Umsatzrentabilität die verschiedenen Kosteneinflussfaktoren. Aufschluss über das Anlage- und Umlaufvermögen gibt eine Auflösung des Kapitalumschlags.

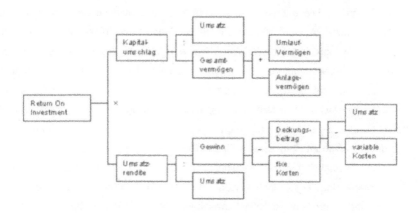

Abbildung 1: Du- Pont Schema - ROI Baum[11]

---

[10] Vgl. (Gladen, 2014) Seite 82 - 87
[11] Grafik: (Controllingportal, 2018)

3.1.2. ZVEI

Aufbauend auf dem DuPont - Schema wurde das Kennzahlensystem des Zentralverbands der elektronischen Industrie (ZVEI) entwickelt.[12] Hiermit wird der Ansatz des DuPont-Systems um liquiditätswirksame Kennzahlen ergänzt. Die Eigenkapitalrentabilität bildet hier die Spitzenkennzahl. Der Aufbau sieht eine Unterteilung in Strukturanalyse und Wachstumsanalyse vor. Bei der Strukturanalyse handelt es sich um einen Vergleich von Relativzahlen für die Effizienzanalyse und bei der Wachstumsanalyse wird ein Vergleich der Kennzahlen zur Vorperiode erstellt. Durch die Wachstumsanalyse wird eine Analyse des Geschäftsvolumens, des Personals und des Erfolgs mit absoluten Kennzahlen ermöglicht, die voneinander isoliert nebeneinanderstehen. Beispiele hierfür sind Umsatz, Periodenergebnis oder Cash-Flow. Die Strukturanalyse, welche den Kern des ZVEI-Schemas darstellt, bewertet die Effizienz eines Unternehmens, worin mathematisch verknüpfte Kennzahlen die Analyse von Rentabilität und Kapitalstruktur ermöglichen. Das ZVEI-Kennzahlensystem eignet sich vor allem für den Vergleich zweier Betriebe.

3.1.3. Rentabilitäts- Liquiditätskonzept

Beim Rentabilitäts-Liquiditätskonzept stehen das ordentliche Ergebnis und die Liquidität im Vordergrund. Diese beiden Größen bilden die Spitzenkennzahlen (ordentliches Ergebnis, liquide Mittel).[13] Hierbei erfolgt die Organisation dieser Kennzahlen durch Zugehörigkeitslogik. Das Kennzahlensystem wird in einen allgemeinen Bereich und in einen Sonderbereich unterschieden. Der allgemeine Bereich enthält Kennzahlen zu Erfolg und Liquidität. Sie dienen der permanenten Kontrolle, Steuerung und Planung. Der Sonderbereich wird in unternehmensspezifisch auszugestaltende Felder aufgeteilt. Dabei handelt es sich z.B. um produktpolitische Kennzahlen oder Kennzahlen zur Liquiditätsanalyse im Rahmen von Finanzplänen. Er stellt dar, welche Einflussfaktoren auf die Rentabilität und Liquidität existieren. Das Rentabilitäts-Liquiditäts-Kennzahlensystem eignet sich sowohl zur externen Analyse, als auch zur internen Planung und Kontrolle einschließlich zwischenbetrieblicher Vergleiche.[14]

---

[12] Vgl. (Gladen, 2014) Seite 87 - 89
[13] Vgl. (Lachnit & Müller, 2012) Seite 297 - 300
[14] Vgl. (ipl-mag, 2018)

3.2. IT-Kennzahlensysteme

„IT- Kennzahlen bezeichnen quantitative Informationen, die als bewusste Verdichtung der komplexen Realität über zahlenmäßig erfassbare betriebswirtschaftliche Sachverhalte informieren sollen. Sie dienen dazu, schnell und prägnant über ein Aufgabenfeld der IT zu informieren. IT- Kennzahlen, zusammengefasst in einem IT- Kennzahlensystem, stellen ein wichtiges Hilfsmittel der IT- Governance dar und spielen bei der aggregierten Aufbereitung und Darstellung der aktuellen Situation im IT- Bereich eine bedeutende Rolle."[15]

3.2.1. Diebold- Kennzahlensystem

Das Diebold-Kennzahlensystem ist ein auf die IT zugeschnittenes Kennzahlensystem. Als Spitzenkennzahl sieht es IT-Kosten in Prozent des Umsatzes vor.[16] Es kann in zwei Bereiche untergliedert werden: Zum einen die Wirkung des IT-Einsatzes auf die Unternehmensleistung und zum anderen die Wirtschaftlichkeit der Leistungserstellung der IT. Ziel des Diebold-Kennzahlensystem ist es, das Management bei Planung, Steuerung und Kontrolle der IT zu unterstützen.[17]

3.2.2. SVD

Das Kennzahlensystem der Schweizerischen Vereinigung für Datenverarbeitung (SVD) sieht keine Spitzenkennzahl vor.[18] Als Ziel des Systems wird die Unterstützung der Planung, Steuerung und Kontrolle der Wirtschaftlichkeit von IT-Anwendungen unter der Einbindung des Managements, der Benutzer und der Informationsverarbeitung festgelegt. Etwa 30 Kennzahlen werden in Leistungs-, Kosten-, Struktur- und Nutzenkennzahlen unterschieden. Die Kennzahlen sind pyramidenartig nach Interessensebenen sortiert, da für verschiedene Nutzer unterschiedliche Kennzahlen von Bedeutung sind. Es werden somit die Ebenen ‚Management‘, ‚Benutzer‘ und ‚Informationsverarbeitung‘ unterschieden. Der Nutzen einer IT-Lösung wird dabei mit dem Nutzen verglichen, der ohne die IT-Lösung vorliegt. Durch die Nutzung diverser

---

[15] (Helmke & Uebel, 2016) Seite 116
[16] Vgl. (Gadatsch & Mayer, 2014) Seite 186
[17] Vgl. (Gadatsch & Mayer, 2014) Seite 186
[18] Vgl. (Gadatsch & Mayer, 2014) Seite 187 ff.

Kennzahlen für verschiedene Anwendungen entsteht ein sehr umfassendes Kennzahlensystem.[19]

3.2.3. Balanced Scorecard

Bei der Balanced Scorecard (BSC) gilt die Verknüpfung der Unternehmensstrategie mit der operativen Maßnahmenplanung über Ursache- Wirkungsketten, um ein finanzielles Gleichgewicht zu schaffen und zu erhalten, als Leitidee. Schematisch besteht der Aufbau der BSC aus vier Perspektiven, welche miteinander verbunden sind. Grundfrage in der Finanzperspektive ist, wie gegenüber Teilhabern aufgetreten werden soll, um einen finanziellen Erfolg zu erzielen. Bei der Kundenperspektive wird das Auftreten gegenüber Kunden thematisiert. In der Prozessperspektive, in der die internen Geschäftsprozesse im Vordergrund stehen, sollen die Prozesse betrachtet werden, die im Wesentlichen für die Zufriedenstellung der Teilhaber und Kunden wichtig sind. In der Perspektive ‚Lernen und Entwicklung' geht es um das Aufdecken von Wachstum- und Veränderungspotenzialen, um die strategischen Ziele zu verwirklichen. Für jede der genannten Perspektiven werden strategische Ziele formuliert, Messgrößen definiert, Zielwerte für die Messgrößen festgelegt und die Maßnahmen zur Erreichung der Zielwerte beschrieben. Der Scorecard-Kreislauf sieht folgenden iterativen Management-Ansatz vor:

- Entwicklung der Strategie und Aufbau der BSC
- Kommunizieren der Strategie und Präzisierung der Ziele (z.B. Prämien)
- Aufstellen und Umsetzen von Plänen
- Lernen und Anpassen (Feedback, Ergebnisse bewerten und Vorgehen
- anpassen) [20]

4. Analyse der Kennzahlensysteme

4.1. Anforderungen an ein Kennzahlensystem für Automobilzulieferer

Eine ständige Erfassung von Kennzahlen ermöglicht eine sofortige Erkennung von Abweichungen, Schwachstellen etc. Kritische Kennzahlenwerte können als Zielgrößen für Teilbereiche genutzt werden und es können Steuerungsprozesse vereinfacht werden.

---

[19] Vgl. (Gadatsch & Mayer, 2014) Seite 187 ff.
[20] (Allweyer, 2005) Seite 115 - 121

Quantitativ kann die Zielerreichung exakt gemessen werden. Deshalb ist es vorteilhaft ein Kennzahlensystem einzuführen.

Die umsatzstärkste Branche der deutschen Wirtschaft ist die Automobilindustrie. Dies wird dementsprechend in den Anforderungen an die Zulieferer wiedergespiegelt. Die ISO hat mehrere Standards veröffentlicht, die ISO 16949 und die ISO 9000, die je nach Automobilhersteller durch die Zulieferer eingehalten werden sollen. Die ISO 16949 inkludiert die weltweit existierenden Forderungen der Automobilindustrie an Qualitätsmanagement-Systeme. Ziel des Standards ist hierbei eine Verbesserung der System- und Prozessqualität, damit nachhaltig die Kundenzufriedenheit erhöht wird. Weiterhin im Zentrum des Standards stehen außerdem ein kontinuierlicher Verbesserungsprozess, welcher durch regelmäßiges Messen und Analysieren die Wirksamkeit des Qualitätsmanagementsystems und präventive Maßnahmen zur Fehlererkennung nachweisen muss. Die Norm stellt eine Erweiterung der ISO-9000-Reihe dar, durch die die Grundlagen für Begriffe zu Qualitätsmanagementsystemen festgelegt wird. Im Vordergrund der Norm stehen auch hier die Kundenorientierung, ein prozessorientierter Ansatz, ein systemorientierter Managementansatz und die kontinuierliche Verbesserung. Durch die Anforderungen wird der IT und dem IT-Controlling ein zunehmend wachsender Stellenwert verliehen. Hierfür wird auf Grund der starken Durchdringung von Geschäftsprozessen durch die IT sowie die permanente Überwachung der Ziele ein ausgereiftes IT-Controlling benötigt, das durch ein ausgereiftes Kennzahlensystem fundamentiert werden sollte.[21]

4.2. Abgrenzung von betriebswirtschaftlichen Kennzahlensystemen

Das DuPont Schema gilt als Ursprung der Kennzahlensysteme. Es legt einen Fokus auf die finanzielle Bewertung eines einzelnen Unternehmens. Mittels eines rechnerischen Herunterbruchs gilt es als klassisches hierarchisches Kennzahlensystem, das bis in die 1920er Jahre zurück geht und rein finanziell ausgerichtet ist.[22]

In der heutigen Literatur wird hingegen angestrebt, in Kennzahlensystemen die multidimensionalen Ziele eines heutigen Unternehmens abzubilden. Die Leistungserbringung ist anhand der Erfüllung der Unternehmensziele zu bewerten,

---

[21] Vgl. (Tüv Süd, 2018)
[22] Vgl. (Rouse & Putterill, 2003) Seite 791 - 805

Wirkzusammenhänge zwischen finanziellen und nicht-finanziellen Kennzahlen sind aufzuzeigen.[23] Die Kennzahlensysteme DuPont, ZVEI und das Rentabilitäts-Liquiditäts-Konzept lassen sich nur schwer für die IT bzw. das IT-Controlling verwenden. Die vorgeschlagene rein finanzielle Betrachtung wird heute als einseitig angesehen, gerade vor dem Hintergrund der Einführung von Lean Management das auf mehrdimensionale Ziele setzt. Kontinuierliche Verbesserung erfordert die Kombination finanzieller und nicht-finanzieller Kennzahlen.[24] Die ausschließlich finanzielle Betrachtung führt zu einem verzerrten Bild und bildet damit keine adäquate Entscheidungsgrundlage für das IT-Controlling. Eine Steuerung, die IT ausschließlich als Kosten wahrnimmt, kann nicht dazu beitragen eine effiziente und effektive Informationsverarbeitung sicherzustellen.

Auch die Anforderungen durch die oben genannten ISO-Normen (Kundenorientierung, Prozessorientierung, höherer Stellenwert der IT) werden durch die rein finanziellen Kennzahlensysteme nur mangelhaft unterstützt, da die Kennzahlen keinen Bezug zu den genannten Themen herstellen und aus diesem Grund auch schlechter vom Management berücksichtigt werden können.

4.3. Bewertung der IT-Kennzahlensysteme

Häufig werden IT-Kennzahlen dazu eingesetzt Kosten zu reduzieren. Dies geschieht dadurch, dass der Schwerpunkt bei den IT-Kosten und der Wirtschaftlichkeit von Projekten gesetzt werden. Dies ermöglicht Außenstehenden, die über IT-Kosten oft nicht ausreichend informiert sind, eine hohe Kostentransparenz.

4.3.1. Diebold-Kennzahlensystem

Vorteil des Diebold- Kennzahlensystems ist, dass es im Vergleich zu den rein finanziellen Kennzahlensystemen Wirkung und Kosten gegenüberstellt. Damit schafft es eine wichtige Grundlage für ein effektives IT- Controlling. Allerdings ist es sehr aufwändig die Wirkung der IT zu bewerten und weiterhin wird durch die Fokussierung des Systems auf die Spitzenkennzahlen IT- Kosten in Prozent des Umsatzes im Endeffekt doch ein Ungleichgewicht zugunsten der Kostenbetrachtung von IT hergestellt. Zusätzlich dazu wird durch Gadatsch und Mayer geäußert, dass Fragen der IT- Sicherheit unter den Tisch fallen könnten, weil diese Kennzahlen zunächst keinen offensichtlichen Nutzenbeitrag

---

[23] Vgl. (Wang & Zhang, 2010) Seite 263
[24] Vgl. (Gunasekaran, Williams, & McGaughey, 2005) Seite 523 - 533

leisten, aber dennoch hohe Kosten verursachen.[25] Des Weiteren ergeben sich Ungenauigkeiten durch die Abhängigkeit der Spitzenkennzahl vom Umsatz, sodass die Kennzahl unabhängig von der IT durch Sinken und Steigen des Umsatzes manipuliert wird.

4.3.2. SVD

Das Kennzahlensystem von SVD verzichtet auf den Einsatz einer Spitzenkennzahl und wurde zur Unterstützung von Planung, Kontrolle und Steuerung der Wirtschaftlichkeit von IT-Anwendungen unter Einbindung von Management, Benutzer und Informationsverarbeitung, entwickelt. Es orientiert sich an 34 Kennzahlen in den Dimensionen Leistung, Kosten, Struktur und Nutzen. In diesem System wird der Nutzen mit und ohne IT-Anwendung gegenübergestellt. Die Bewertung erfolgt über ein komplexes Punktesystem. Es werden nicht nur direkter Nutzen und Kosten gegeneinander abgewogen, sondern auch strukturelle Herausforderungen herausgearbeitet, zu denen DV- Erfahrung, Ausbildungsaufwand oder ähnliches gehört. In diesem System dominiert aber die Finanzperspektive, da 29 der 34 Kennzahlen Kosten-, Leistungs- oder Nutzenkennzahlen sind. Auch der Bezug zu den dargestellten Anforderungen der ISO- Normen fehlt. Es wird weiterhin auch keine Orientierung zu Kunden hin gefördert, da diese durch die Kennzahlen nicht thematisiert wird. Es wird zwar die Mitarbeiterkompetenz dargestellt, aber nicht die stetige Weiterentwicklung dieser. [26]

4.3.3. Balanced Scorecard

Krcmar folgert, dass die Konzeption der BSC mit der Unzufriedenheit über Kennzahlensysteme zusammenhängt, die eine reine finanzielle Sicht auf das Unternehmen vornehmen. Bei der BSC sind die Perspektiven in einer gleichberechtigten Stellung. Die Faktoren Mitarbeiter, Lernen und Kundenzufriedenheit sind gegenüber der Finanzperspektive klar in den Vordergrund gerückt, was in anderen Systemen nicht erfolgt. Etwas verallgemeinert kann dies auch so formuliert werden, dass weiche Faktoren einen besseren Stellenwert gegenüber harten Faktoren erhalten. Eine BSC kann sehr individuell gestaltet werden. Die Unternehmen können diese nach Belieben modifizieren und somit an unterschiedliche Anforderungen anpassen. Dies bringt die

---

[25] Vgl. (Gadatsch & Mayer, 2014) S. 186 f.
[26] Vgl. (Biethahn, Mucksch, & Ruf, 2014) S. 333

Herausforderung mit sich, dass die Inhalte selbst erarbeitet werden müssen. Aus diesem Grund müssen zunächst grundlegende Kennzahlen formuliert werden, die sich gegebenenfalls aus den Herausforderungen der Branche definieren. Die aufgestellten Kennzahlen müssen dann überprüft werden, ob sie ein Indikator für die Erreichung der IT- Ziele sind und ob sie in einem wirtschaftlichen Maß erhoben werden können.[27] Gadatsch und Mayer weisen auch darauf hin, dass Unternehmen alles zum Einsatz kommenden BSCs koordiniert einsetzen müssen, damit keine Zielkonflikte entstehen.[28] Somit ist eine sehr intensive Abstimmung der Balanced Score Cards und damit verbunden der Ziele notwendig, um Konflikte vorzubeugen und ganzheitliche Effekte für ein ausgewogenes und angepasstes Kennzahlensystem zu erreichen.

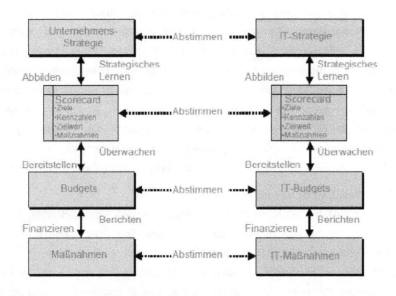

Abbildung 2: Integrieren einer BSC nach Gadatsch und Mayer[29]

Wie hier zu sehen, werden bereits durch die grundlegenden Perspektiven der BSC die beschriebenen Anforderungen abgedeckt: Kundenorientierung, Prozesse, Lernen. Somit ist die BSC für einen Automobilzulieferer sehr gut geeignet. Durch den Fokus auf einem

---

[27] Vgl. (Helmke & Uebel, 2016) S. 144
[28] Vgl. (Gadatsch & Mayer, 2014) S. 140
[29] Grafik: (Gadatsch & Mayer, 2014) Seite 140

Lerneffekt der Mitarbeiter wird ermöglicht, dass die Prozessqualität hoch und die Prozessdurchlaufzeiten niedrig gehalten werden. Durch die pünktliche und qualifizierte Leistung kann eine langfristige Bindung von Stammkunden ermöglicht werden, wodurch auch der ROI gesichert wird. Im grundlegenden Aufbau der BSC bestehen bereits Überschneidungen zu den zuvor beschriebenen Anforderungen. Somit wird gewährleistet, dass bei Fokus auf die Perspektiven und sinnvoll gewählten Kennzahlen, die Anforderungen gut eingehalten werden können. Da die BSC erweiterbar ist, besteht die Möglichkeit einer ganzheitlichen Übersicht über das Unternehmen beziehungsweise die IT. Die Perspektiven dienen nicht dazu Kostenfaktoren darzustellen, sondern Potentiale zur Wertschöpfung. Konkrete Handlungsvorgänge werden in Ziele operationalisiert anhand von Messzahlen überprüft. So werden alle Mitarbeiter ideal eingebunden und langfristig motiviert.[30] Zusätzlich kann dies durch optionale Gehaltszahlungen oder entsprechende Boni, in Abhängigkeit zur Zielerreichung unterstützt werden. Den Anforderungen nach einem kontinuierlichen Lernfortschritt wird dadurch erreicht, dass der iterative Scorecard- Kreislauf einen Lern- und Anpassungsvorgang auf Grundlage der bewerteten Ergebnisse vorsieht. Die Gestaltung der effektiven und effizienten Prozesse, in denen Fehler weitestgehend vermieden werden können, wird von qualifizierten und motivierten Arbeitskräften unterstützt. In der Markt- und Kundenperspektive liegt der Fokus auf dem Kunden und dessen Zufriedenheit.

5. Zusammenfassung und Fazit

Die Anforderungen durch die ISO- Normen fordert die Automobilzulieferer und ihre IT stark. Bezugnehmend auf die durchgeführte Bewertung der Kennzahlensysteme kann festgehalten werden, dass das Ziel, die Prozess- und Systemqualität nachhaltig zu verbessern und die damit verbundene Kundenzufriedenheit zu steigern im Mittelpunkt steht und nicht durch alle Kennzahlensysteme optimal erreicht wird. Die Kennzahlensysteme DuPont, ZVEI du Rentabilitäts- Liquiditäts- Konzept stellen zu sehr den finanziellen Betrachtungswinkel in den Vordergrund, sodass ein verzerrtes Bild entsteht und somit keine adäquate Entscheidungsgrundlage für das IT- Controlling gegeben ist. Auch beim Diebold- Kennzahlensystem ist dies der Fall. Hier wird zwar den

---

[30] Vgl. (Allweyer, 2005) Seite 130

Kosten der IT die Leistung gegenübergestellt, aber es entsteht ein Ungleichgewicht zugunsten finanzieller Kennzahlen. Es werden IT- Sicherheitsaspekte vernachlässigt und die Spitzenkennzahl „IT- Kosten in Prozent des Umsatzes" ist als Grundlage ungeeignet, da diese abhängig vom schwankenden Umsatz ist. Das SVD- Kennzahlensystem ist zwar sehr umfangreich und übersichtlich mit seinen vier Perspektiven (Leistung, Kosten, Struktur und Nutzen), allerdings dominiert hier auch die Finanzperspektive und es existieren zu wenige Bezugspunkte zur den Kernanforderungen der ISO- Normen. Die BSC, die aus der Unzufriedenheit über andere Kennzahlsysteme entstanden ist, gewinnen die sonst vernachlässigten Perspektiven an Bedeutung, denn alle Perspektiven werden auf eine Ebene gestellt. Die Möglichkeit der individuellen Modifikation je nach Unternehmensanforderungen macht diese sehr attraktiv. Durch die BSC wird ein ganzheitliches Kennzahlensystem geschaffen, welches die beschriebenen Anforderungen der Normen (Kundenorientierung, effektive Prozesse, kontinuierliches Lernen und Fehlervermeidung) durch den Grundaufbau bereits ideal unterstützt. Wie schon beschrieben wird durch den Lerneffekt der Mitarbeiter sowohl Prozessqualität erhöht, wie auch Prozessdurchlaufzeiten gesenkt, die Stammkundenbindung gefördert und auch der ROI so gesichert. Je nach Unternehmen können Vor- oder Nachteile dieses Systems auftreten, doch allgemein aus dieser Bewertung geht klar hervor, dass die BSC als geeignetstes Kennzahlensystem für Automobilzulieferer gesehen werden kann.

Abschließend sollte hinzugefügt werden, dass die Einführung der BSC auch problematisch sein kann durch ihre individuelle Gestaltung, welche eine große Herausforderung ist und das Finden einer geeigneten Software, welche die unteren Führungsebenen unterstützt. Weiterhin ist es bei vielen Zielen schwer, diese auf praktische Tätigkeiten herunterzubrechen. Allgemein sollten Kennzahlensysteme nicht als die einzige Entscheidungsgrundlage eingesetzt werden, da sie immer lediglich abstrahierte Messgrößen darstellen.

Literaturverzeichnis

Allweyer, T. (2005). *Geschäftsprozessmanagement.* W3l.

Atkinson, A. A., Waterhouse, J. H., & Wells, R. B. (1997). A Stakeholder Approach to Strategic Performance Measurement. *Sloan Management Review,* S. 25 – 37.

Barth, M., Gadatsch, A., Kütz, M., Rüding, O., Schauer, H., & Strecker, S. (2009). *IT-Controller/-in: Leitbild und Erläuterungen.* Gesellschaft für Informatik e.V.

Biethahn, J., Mucksch, H., & Ruf, W. (2014). *Ganzheitliches Informationsmanagement - Grundlagen.* Oldenburg: Walter de Gruyter GmbH & Co KG.

Bititci, U. S. (1995). Modelling of performance measurement systems in manufacturing enterprises. *International Journal of Production Economics,* S. 137 - 147.

Controlling Portal. (31. 07. 2018). *Controlling Portal.* Von https://www.controllingportal.de/Fachinfo/Kennzahlen/Kennzahlen-Systeme.html abgerufen

Controllingportal. (11.. 07. 2018). *CONTROLLING -Portal.de.* Von https://www.controllingportal.de/Fachinfo/Funktional/IT-Controlling.html abgerufen

Dörnhöfer, M. S. (2016). Dissertation. *Entwicklung eines modularen Kennzahlensystems für die Automobillogistik im Kontext der schlanken Logistik.* München: Technische Universität München Fakultät für Maschinenwesen.

Gadatsch, A., & Mayer, E. (2014). *Masterkurs IT-Controlling.* Wiesbaden: Springer Fachmedien.

Gladen, W. (2014). *Performance Measurement - Controlling mit Kennzahlen.* Wiesbaden: Springer Gabler.

Grando, A. b., & Belvedere, V. b. (2008). Exploiting the balanced scorecard in the Operations Department: The Ducati Motor Holding case. *Production Planning and Control,* S. 495 – 507.

Gunasekaran, A., Williams, H., & McGaughey, R. (2005). Performance measurement and costing system in new enterprise. *Technovation,* S. 523–533.

17

Helbling Management Constulting GmbH. (30. 07 2018). *Helbling.* Von https://www.helbling.ch/hol/publikationen/dokumente/it-performance-management-kennzahlen-1. abgerufen

Helmke, S., & Uebel, M. (2016). *Managementorientiertes IT-Controlling und IT-Governance.* Wiesbaden: Springer Gabler.

ipl-mag. (08. 02. 2018). *ips-mag.* Von https://ipl-mag.de/ipl-magazin-rubriken/scm-fachbericht/408-kennzahlensysteme-im-vergleich abgerufen

Kaplan, R. S., & Norton, D. P. (1996). *The Balanced Scorecard.* Boston: Harvard Business School Press.

Krcmar, H. (2015). *Informationsmanagement.* Berlin Heidelberg: Gabler Verlag.

Lachnit, L., & Müller, S. (2012). *Unternehmenscontrolling - Managementunterstützung bei Erfolgs-, Finanz-, Risiko- und Erfolgspotenzialsteuerung.* Wiesbaden: Springer Gabler.

MPieke. (06. 28. 2018). *Blog für Agile Entwicklung und IT Themen.* Von http://home.mpcomputers.de/it-kennzahlensysteme/ abgerufen

Rouse, P., & Putterill, M. (2003). An integral framework for performance measurement. *Management Decision*, S. 791 - 805.

Tüv Süd. (14. 08 2018). *Tüv Süd.* Von https://www.tuev-sued.de/management-systeme/automobil-und-bahn-industrie/iatf-16949 abgerufen

Wang, X.-Y., & Zhang, J.-H. (2010). System measurement research on supply chain. *Proceedings - 3rd International Conference on Information Management, Innovation Management and Industrial Engineering.*